白翎島
백 령 도

白翎島
백 령 도

글 윤후명 김영남 강제윤 신동호
그림 이 인 김선두 신태수 박충의

『백령도』를 묶으며

    인천문화재단이 운영하는 인천아트플랫폼에서 평화예술프로젝트의 일환으로 시화집 『백령도』를 엮어냅니다. 시인과 화가들이 백령도를 주 무대로, 소청도, 대청도, 연평도를 배경으로 하여 그림을 그리고 시와 산문을 쓴 결과를 묶은 것입니다. 시인과 화가들이 보고 느낀 백령도가 오롯이 이 책 한 권에 담겨 있는 셈이지요.

    다 아시는 것처럼 백령도는 우리의 국토이면서도 대한민국이 실질적으로 지배하고 있는 최북단의 섬입니다. 분단의 아픔을 겪고 있는 현장이 백령도이므로 그 섬에 대한 시인과 화가들의 마음이 더 애틋하지 않을 수 없습니다. 그런 백령도를 화가와 시인의 감수성으로 표현함으로써 평화를 향한 우리의 열망을 드러내고자 한 것이 이 책의 기획 의도였습니다. 백령도를 사랑하는 예술가들의 마음이 시와 산문 편 편마다, 그림 한 폭 한 폭에 갈무리되어 있습니다.

    그렇긴 해도 여기에 표현된 언어와 그림은 시인과 화가들의 개인적 정서에 바탕을 둔 것입니다. 하나의 예술 작품으로 보고 읽어주시기 바랍니다.

2012. 12.
인천문화재단 인천아트플랫폼

白翎島

04 머리말

제1부 바닷가 언덕길

12 바닷가 언덕길
14 뱃시간의 인생
16 그대 잘 있는지
18 두무진의 새들
20 새벽 까나리
22 동백꽃 북방 한계선
24 해당화
26 약속
28 아무렴
30 이쪽과 저쪽

제2부 　 백령도 건배

- 34 　 백령도 건배
- 38 　 반쪽을 해방시키는 보름달
- 40 　 울고 있는 봉숭아
- 42 　 심청각의 봄
- 44 　 해당화
- 46 　 철조망이 빛날 때, 찔레

白　　　　　　　　翎　　　　　　　　島

제3부　　사곶 제방을 허물어라!

　　　　　　백령 팔경
　　　50　사곶 제방을 허물어라!
　　　54　황무지가 된 갯벌에 바치는 노래
　　　58　가난한 편지
　　　60　섬은 능구렁이 울면 비가 왔다
　　　62　신비가 없다면 삶은 더 이상 신비로운 것이 아니다
　　　66　신화의 바다
　　　70　천년의 사랑

　　　　　　대청, 소청 팔경
　　　74　시간의 화석
　　　76　대청도 사막에 가면
　　　80　함께이기 때문에 외로운 것이다
　　　82　달의 후예
　　　84　설산 전설
　　　88　등대 가는 길
　　　90　소청도의 환(幻)
　　　92　순간이 곧 영원이다

제4부 장촌 냉면집 아저씨는 어디 갔을까?

98 장촌 냉면집 아저씨는 어디 갔을까?
100 겨울 백령도
102 백령도
104 소청도 우뭇가사리
106 서해 단상

제1부

바닷가 언덕길

글 윤후명 / **그림** 이인

바닷가 언덕길

재작년에 와서 본 오래된 교회의
오래된 무궁화나무
올해도 꽃피었는가
몇 해 전 와서 본 해수관음상
올해도 묵묵히
바다를 내려다보며 설(說)하였는가
바닷가 언덕길 바람에 억새꽃 기울 때마다
지난 세월은 희끗거리고
지나는 이 없는 길에서
누구든 붙잡고 길을 묻고자
내 기도를 전하고자
바닷바람에 귀기울인다
언덕길에 내 발길도 아득해진다
그래서 인당수 바닷물 더욱 깊은가

바닷가 언덕길_캔버스에 혼합재료_72.5×53cm_20 3

뱃시간의 인생

화가들이 드나들며 작업실로 쓰는
옛 면장님 집에 하룻밤 묵고
뱃시간을 기다린다
기다림이 명확한 만큼
내가 살아왔음이 명확하다고
믿을 수 있다
섬은 시간마저 가둬놓기에
하룻밤 묵은 인생을
뱃시간처럼 적어놓는다

뱃시간의 인생_캔버스에 혼합재료_41×51cm_2013

그대 잘 있는지

러시아 동포 박미하일의 안부를 묻던 그 여자
지금도 여기 살고 있는지
서울 인사동에 그림재료를 사러 왔다가
어울린 그 여자
파고 3.5미터 견디고
네 시간 뱃길 잘 돌아왔는지
들어오면 언제 나갈까
자기 안부를 물으며
살아갈 나날
그림은 잘 그리고 있는지
하수오 뿌리 캐어 달여 먹고
저 바다기슭 휘날리는 바람에
검은 머리 동여매고
갈매기 울음마다 안부를 전하고 있는지

그대 잘 있는지_캔버스에 혼합재료_53×72.5cm_2013

두무진의 새들

솟아난 벼랑들에는
내가 살았던 동굴이 있다
바위들의 나이테마다
내가 지나온 길들이 있다
새들과 살고자 한 나날이었다
그 발가락으로 글 한 자씩 쓰고
그 날개로 하늘에 옮겨 쓰고
쓰고 지우는 일만 하다가
부리로 쪼는 순간들이었다
순간들을 책력으로 엮어
한 장 한 장 파도에 뜯어 날리고
다시 부리로 쪼는 나날이었다
새들의 닳은 부리에 남아 있는
서체(書體) 같은 사랑
바람결에 남기고자 한 나날이었다

두무진의 새들_캔버스에 혼합재료_72.5×53cm_2013

새벽 까나리

닭울음 소리에
물범들과 가마우지들은 물론
꽃게들도 잠에서 깬다
모두 이제는 어디로 사라져
보기 어렵다지만
닭울음 소리에
새벽이면 잠에서 깨는 것들이 있다
까나리액젓 속의 까나리들이
그걸 믿고 바다로 가고 있다

새벽 까나리
종이에 혼합재료
39×78.5cm
2013

동백꽃 북방 한계선

빨간 함석지붕 뒤
오래된 동백나무 두 그루가 있다고
운전기사는 알려주었다
꽃잎이 유난히 크고 붉다고
우리나라에선 가장 북쪽에 자란다고
식물학자들이 와서 말했다는 동백나무
인천에서 학교 다닐 때와
군대 갔을 때 말고는
줄곧 여기 살았다는 그는
저녁에는 이웃마을 아들집 가려는
동네 할멈을 태워야 한다고
동백 이파리 톱니 같은 눈썹을 꿈틀거렸다

동백꽃 북방 한계선_종이에 혼합재료_37×50cm_2013

해당화

몇 해 전 보고 간 해당화 붉었던 꽃잎
거기에 무엇을 보려 했는지
이제는 미움도 사랑이었다고
하려 했는지
다시 보았다
그렇다면 걸어온 모든 길은 사랑이었다
섬처럼 바다에 갇혀 있는 것도
갇힘이 아니라 사랑이었다
그렇다면 사랑의 갇힘을 겪으려고
몸부림쳐온 삶이었다
바닷바람을 맞으며
마른 해당화꽃에 씨앗이 맺혔는지
몸을 깊이 숙여 살폈다

해당화_종이에 혼합재료_28.5×77cm_2013

약속

섬에서 우리가 할 수 있는 것은
오직 한 가지
약속

섬은 내게 말한다
태어남을 잊지 말고
만남을 잊지 말고
무엇보다
이 모든 게 약속임을 잊지 말라고

잊지 않는 게
약속이라고

약속_캔버스에 혼합재료_72.5×53cm_2013

아무렴

심청이가 연꽃 속에서 살아났다고
선묘가 용이 되어 의상대사를 지켰다고
백령도는 저 바다를 말한다
흰 깃을 나부끼며 말한다
아무렴
모든 사랑은 사실이라고
모든 사랑은 언제까지나 살아 있다고
아무렴 아무렴
섬의 벼랑 아래 일렁이는 물결에서
아무렴 소리가 들려온다

아무렴_캔버스에 혼합재료_72.5×53cm_2013

이쪽과 저쪽

간척지를 지나
바닷가 철조망 저쪽으로
황해도 장연 땅을 바라본다
장산곶이 저기지요
저기라는 저쪽은 갈 수 없는 곳
장산곶 마루에 북소리는 들리는가
귀를 기울인다
아무 소리도 들을 수 없는 건
저쪽이기 때문이 아니건만
다만 눈과 귀를 의심한다
바닷가 철조망이 눈과 귀를 막을 리 없건만
왜냐고 묻지는 않는다
누군가 손을 들어 장산곶을 가리킨다

이쪽과 저쪽_종이에 혼합재료_72.5×53cm_2013

제2부

백령도 건배

글 김영남 / **그림** 김선두

백령도 건배

거대한 쉼표다!

백령항에서
너는 배낭을 벗고 나는 그리움을 벗어라

서로 얼굴을 맞대고 있으면
넌 또 나의 쉼표
더 어둡기 전에
콩돌해안에서 콩돌처럼 둥글게
사곶해안에선 활주로처럼 길게
심청각에선 전어 등처럼 푸르게
쉬어보자 숨을

심청각 인당수 앞에서 쉬는 숨은
나도 모르게 깊어지게 하고
북녘 해안도 가깝게 하는구나
절벽 위 해당화가 예사롭지 않고
그 아래 인당수는 해당화의 보색이로구나

백령도 건배_장지에 먹_72×90.5㎝_2013

친구여 오늘 밤
붕대 같은 저 두무진항 저녁 안개를
우리의 아린 부위로 당겨보자
그 속에서
넌 한낮의 해당화로 난 이 밤의 가마우지로
절벽 위 아래에다 틀어보자 둥지를
향기로운 이야기를 낳아보자

자, 받아라 38선 없는 이 밤의 쉼표 한 잔!

반쪽을 해방시키는 보름달

아무리 가리고 숨겨도 섬은
드러난 그대로 섬이로구나
해일에도 잠길 수 없는 반쪽,
우린 그런 곳 때문에 눈을 뜨게 되고
그런 모양 때문에 서로를 애통해한다

여기 섬 하나가 울고 있다
울고 있는 섬을 섬이라 부르지 말자
저기 위로하러 오는 섬도 섬으로 여기지 말자
섬이란 깊은 곳이 폭발해
반쪽으로 나뉘거나 나뉜 한쪽이 갇힌 때를 이르는 것

여기 용기원산 밤하늘을 쳐다보며 상상한다
턱으로 저으기 가리키는 곳에 그런 섬이 또 있을 거라고
그런 곳으로 가는 뱃길 또한 막혀있어
갈매기 울음 타고 가거나 별을 낳으며 가야할 거라고

산등선 위가 호각 피리 소리들과 함께
갑자기 환해지며 소란스러워 지는구나
지금 누가 그런 섬을 해방시키러 오나보다

두무진항 쪽으로 마중이라도 나가보자

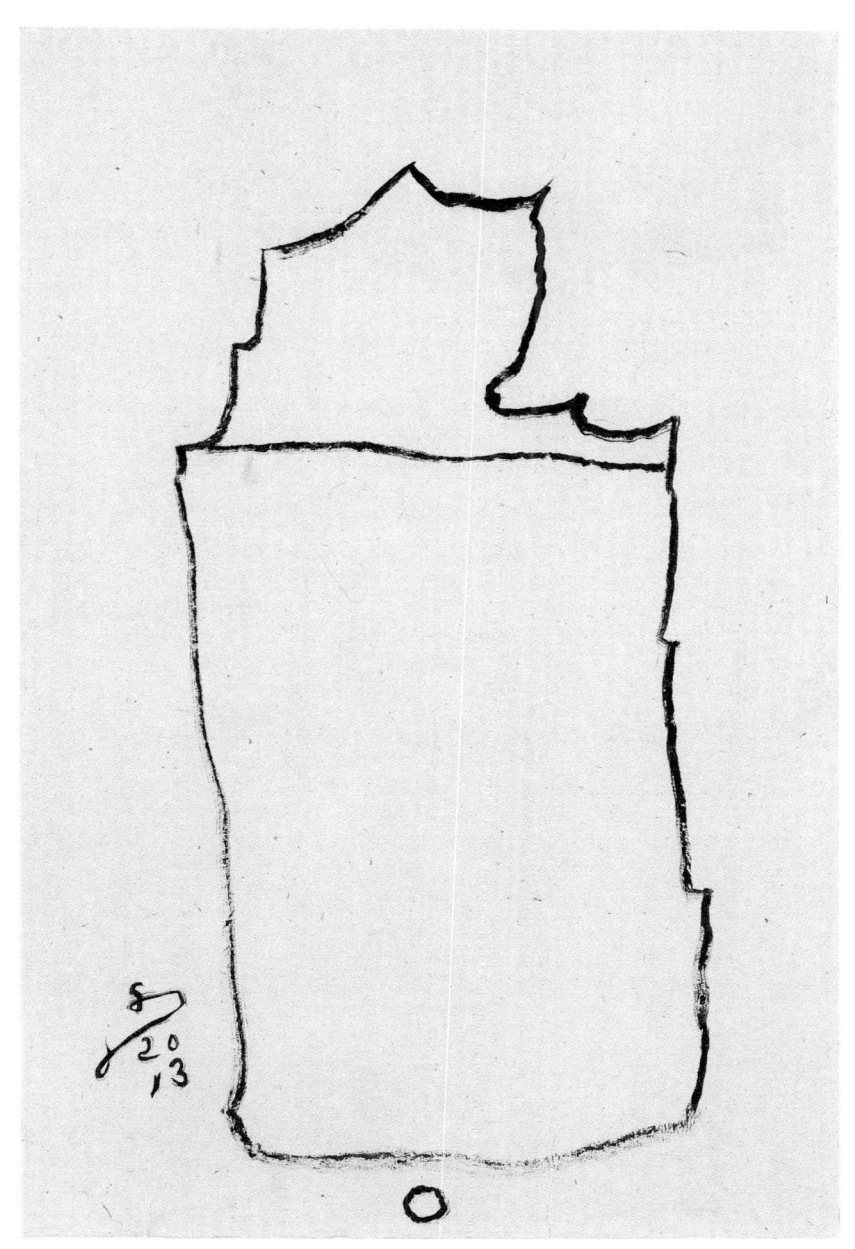

반쪽을 해방시키는 보름달_장지에 먹_43×66㎝_2013

울고 있는 봉숭아

가슴이 출렁거릴 때 봉숭아는 핀다
그리하여 블라우스에 숨겨진 봉숭아는 설거지를 잘했다

그를 부를 때 그에게 심부름 시킬 때 봉숭아는
선들선들했고, 올라가는 데만 있고 내려오는 데가 없던 봉숭아
그래서 봉숭아의 신발소리는 분홍이다

백령도에 봉숭아가 울고 있다

난 그 봉숭아를 쬐러 울타리처럼 둘러앉는다

울고있는 봉숭아_장지에 먹_49×74cm_2013

심청각의 봄

인당수 물결 위
저 푸른 너울들을
어떤 선율로 읽어줄까
요한스트라우스 슬픈 도나우라고 여기며 눈 감아볼까
내 발자국도
한 악보처럼 띄운다면
그녀의 가는 길에 닿을 수 있을까

깊어 어지러운 봄은 심청각인데
더 깊이 비틀거리는 봄은 건너편 장산곶이네

심청각의 봄_장지에 먹_49×55cm_2013

해당화

해당화 한 송이 꺾으면 열 송이가 피어난다

해당화는 심어야 하는 꽃이 아니라 분질러야하는 꽃이었다

해당화를 모셔와 백령여관에 재웠다

해당화는 누나의 고무신 같은 트로트 곡을 불러주었다

그리고 다음날 꽃잎 뚝뚝 떨구며 수평선 밖으로 떠났다

섬에 다시 제비가 돌아왔다

해변에 누워 난 세상에 없는 해당화를 낳고 있었다

해당화_장지에 먹_49×61㎝_2013

철조망이 빛날 때, 찔레

토끼 밥일까 까치밥일까

가시 넝쿨 속 몸매
더욱 붉게 닦고 있다

날아가 버릴까도 걱정된다
사라진다면
짧고 야무진 날개를 준비했으리라

그런 날개 달고 나도
이 한밤을 날고 싶다

아픔을 보듬고
뜨겁게 퍼덕이고 또 퍼덕이다가
다음 날 아침
깨진 유리 더미 속에서
맺혀버리겠다

지금
누구의 가슴속에서도
그런 열매가
익고 있으리라

철조망이 빛날때, 찔레_장지에 먹_35×41cm_2013

제3부

사곶 제방을 허물어라

글 강제윤 / **그림** 신태수

사곶 제방을 허물어라!

재앙이 해변을 덮쳤다
비행기도 뜨고 내리던 천연 활주로
전설의 해변이 사라져간다

돌처럼 단단하던 사곶 백사장은 곳곳이 스폰지처럼 푸석푸석해졌다
사람들은 간척을 하고 백령호를 만들기 위해 사곶 해변에 제방을 막았다
간척은 실패했고 호수는 농사에 쓸 수 없는 소금물이 돼버렸다
제방은 수 만년 흐르던 조류를 순식간에 바꿔놓았다
조류가 뒤바뀌자 진흙들이 먼 바다로 나가지 못하고 사곶에 와 쌓였다
진흙은 흰 모래와 뒤엉키고 사곶은 나날이 썩어 갯벌이 되어간다

나날이 병들어 가는 백사장
이제는 멈추어야 한다
멈추게 해야만 한다
사곶의 죽음을 멈추게 하라!
사곶을 되살려라!
저 죽음의 제방을 허물어라!

사곶을 사라지게 하는
역병 같은 제방을 무너뜨려라!
제방을 트고 백령호 물길이 열리게 하라!
갯벌은 갯벌이고 모래밭은 모래밭이게 하라!
사곶을 살려내라!
철썩철썩
백령 바다 파도는 온통 사곶으로만 몰려와 아우성 친다

사곶 해변_한지에 수묵담채 _42×98cm_2012

황무지가 된 갯벌에 바치는 노래

간척으로 황무지가 된 백령도 황금 갯벌을 아시는가?
무참히 죽은 백령도 100만평 갯벌을 아시는가?
지금은 내륙, 백령도 북포리, 대가을리 안마당까지도 바닷물이 들어오던 시절
밀물 때면 조기, 갈치, 홍어, 꽃게, 놀래미, 우럭, 삼치, 고등어떼 몰려와 먹이를 찾고
썰물이면 소라, 낙지, 대합, 모시조개들 지천이던 갯벌
김 양식, 굴 양식으로 황금의 바다 밭이던 갯벌
간척이란 이름으로 아니 간척의 실패로
그 황금 갯벌이 죽었다.

"먹고 남는 백령도, 때고 남는 대청도, 쓰고 남는 소청도"라 했다.
옛날부터 먹고 남을 정도로 곡식이 넘치던 백령도
농어촌진흥공사는 백령도에 또 논을 만들겠다고
갯벌을 매립해 100만평 간척지를 만들었다
농업용수를 대겠다고 40만평 백령호를 만들었다
호수는 바닷물이 스며들어 소금호수가 되었고
농업용수 없는 간척지는 논이 되지 못하고 황무지가 되었다.
인간의 탐욕이 갯벌을 죽이고
인간의 간척 실패가 논도 죽였다.
400억 원의 혈세를 퍼부어 갯벌도 죽이고 논도 죽였다.
사곶, 화동 사이 해변에 제방을 쌓아 사곶해변도 죽였다.

부끄러워라
갯벌의 죽음 위에
주민들 삶의 터전을 말살한 터에
황무지에
유채꽃 심고 코스모스 심어 관광객 유치하겠다고 눈가림이다.
정책의 실패를 화사한 꽃으로 덮으려 한다.
이제 그만 위선의 꽃들을 거둬내고 진실의 씨앗을 뿌려라!
제방을 헐어라!
백령호수를 터 황무지에 바닷물 스며들게 하라!
갯벌을 되살려라!
황금 갯벌을 되살려라!
물고기 떼 돌아와 번성하게 하라!
백령의 황금시대를 다시 열어라!

백령호와 간척지_한지에 수묵담채 _59×96cm_2012

가난한 편지

백령도 콩돌 해변에서 그대에게 편지를 씁니다
나에게 그대는 언제나 처음이고 끝이었습니다
그러나 이제 다시 그대를 찾지는 않겠습니다

내 평생 사랑을 찾아 헤매어
사랑을 얻지 못하더라도
다시 그대를 찾지는 않겠습니다

그대가 가난에 대하여
그대가 가난하게 사는 행복에 대하여
말할 수 있을 때
가난한 그대 삶에 대하여 당당해 질 때
다시 그대를 찾겠습니다

저무는 바닷가 저무는 해변에 나와
그대에게 편지를 씁니다
나에게 그대는 언제나 처음이고 끝입니다

콩돌해변_한지에 수묵담채 _35×80cm_2012

섬은 능구렁이 울면 비가 왔다

섬은 봄날 서남풍이 불면 비가 왔다
먼 산이 가깝게 보이면 비가 왔다
석양녘 서쪽 바다 붉게 물들면 비가 왔다

백령도 장촌 해변 민박집 방바닥은 뜨거웠고 공기는 시렸다
주인집 노인이 만든 천년송 솔방울 베개를 베고 잔 때문이었을까
밤새 솔바람 소리를 들었다
천년의 소리를 들었다

풍랑이 일고, 눈보라치고, 햇볕 따뜻한 봄이 오고
비가 내리고, 밤과 낮이 수시로 교차했다
소나무 새순 돋고, 송화 가루가 날리더니
해변은 어느새 떠들썩해 졌다

물놀이 하는 사람들
소나무 그늘에 낮잠 자는 사람들
조개 잡는 아이들
찬바람이 불고 다시 해변은 텅 비었다
그렇게 천년이 오고 갔다

섬은 머리가 가려우면 비가 왔다
쌍무지개 뜨면 비가 왔다
능구렁이 울면 비가 왔다

장촌(남포리) 천년송_한지에 먹_60×92cm_2012

신비가 없다면 삶은 더 이상 신비로운 것이 아니다

겨울 두무진, 옛 해적의 문지방을 넘는다
오래 묵으면 바위에도 생명이 깃드는가
사람들은 수 억 년 무정한 바위에서 신선을 보고
우애로운 형제를 보고
해적으로부터 안전을 지켜줄 장군을 본다
겨울 두무진, 호명하면
바위에서 장군이 나오고, 신선이 나오고, 코끼리가 튀어 나온다

겨울 두무진, 잠깐 눈 내리자 선대암, 신선대
형제바위, 코끼리바위, 장군바위, 바위, 바위들
온통 눈에 덮여 세상은 어느새 설국이다
다시 눈 그치고 햇빛 나자
설국은 또 흔적도 없다

신비로움이란 한 꺼풀 눈이 덮인 것에 지나지 않다
본질은 자주 신비의 포장 아래 은폐되지만
한 차례 소낙비나 햇빛으로도 쉽게 드러난다
그럼에도 인간은 끊임없이 신비로움을 추구하며 살 수밖에 없는 존재다
신비가 없다면 삶은 더 이상 신비로운 것이 아니기 때문이다

인간은 현실에 눈 떠야 살 수 있는 존재인 동시에
신비에 눈 감고는 살 수 없는 존재다
겨울 두무진, 사람들은 늙은 바위에서 용맹한 장군을 불러내고
불사의 신선을 불러내고 춤추는 코끼리를 불러낸다
겨울 두무진
신비가 없다면 삶은 더 이상 신비로운 것이 아니다

두무진_한지에 수묵담채 _74×244㎝_2012

신화의 바다

오! 백령도여 그대는 평화를 사랑하지 않는 자에게는
그대의 비밀을 알려주지 않는구나!

백령도 바다에는 황해바다 용들이 이빨을 드러내고 웅크려 있다
용치(龍齒), 적의 상륙을 차단하는 날카로운 쇠 울타리
전함도 두려워하는 용의 이빨 위에 앉아
갈매기들은 더없이 평화롭다
남북을 가르는 NLL 바다 위로 암호같은 시간이 흐른다
이 불가해한 바닷길을 열 수 있는 열쇠는 어디에 있는가

오! 백령도여 그대는 평화를 사랑하지 않는 자에게는
그대의 비밀을 알려주지 않는구나!

심청각에서 NLL 바다로 지는 해를 본다
해가 져도 지지 못하는
해가 떠도 뜨지 못하는 비정한 바다
새들도 물고기도 자유롭게 오가고 중국 어선들 표표히 떠 있는데
같은 민족끼리는 오갈 수 없는 바다
이 믿기지 않는 단절의 바다는 신화가 아니라 더욱 신화적이다
어떤 비밀의 빗장이 풀려야 저 망각의 바닷길이 열리게 될까

오! 백령도여 그대는 평화를 사랑하지 않는 자에게는
그대의 비밀을 알려주지 않는구나!

심청각 낙조_한지에 수묵담채 _35×80cm_2012

천년의 사랑

아득히 먼 날들이었으리
만주 벌판을 달리던 고구려 사내 하나 있었네
장산곶 마루에 한 여인 살았네
밤새 말 달려온 사랑이 있었네
사랑이 깊어가던 밤
사랑의 방해자가 나타났네
여인은 자취도 없이 사라지고
사내는 애타게 헤매었네
사내의 꿈속으로 한 마리 백학이 날아들었네
백학은 여인이 갇혀 있는 섬으로
사내를 태워다 주었네
연인은 마침내 사랑을 이루었네
백학은 깃털 하나 남기고 자취가 없네

어느 여름, 총성이 울리고 천년을 살아온 연인은 다시 헤어졌다네
여인은 어디로 갔나 사내는 어디로 갔나
백학은 또 어디로 갔나
사랑의 구원자 사랑의 새는 어디로 갔나
사랑을 잃은 시대
장산곶 바다 한가운데
건널 수 없는 분단의 강이 흐르네

사랑을 잃었으니 나 천년을 살고도 늙지 못했네
나 사랑을 찾아 백령도 용기원산 산마루에 서 있네
천년을 헤매다 마침내 용기원산 산마루에서 보았네
잠든 백학을 보았네
잃어버린 내 사랑 찾아줄 백학을 보았네

용기포 해변에 한 날개, 하늬 해변에 또 한 날개
양 날개 내려놓고
죽은 듯이 잠들어 있는 백학을 보았네
닿을 듯 닿을 듯 닿지 못하는 마음을 보았네
잠든 사랑의 영혼 일깨우는 백학의 울음을 들었네
백학을 흔들어 깨우는 사랑의 아우성을 들었네
분단의 장막 허물며
깨어나는 백학을 보았네
꿈처럼 날아오르는 사랑의 전령을 보았네
용기원산 산마루에서 나는 보았네

용기원산 백학_한지에 수묵담채 _28×96cm_2012

시간의 화석

대청도 미아, 농여 해변에는
시간의 화석이 있다
만 권의 책으로도 모자랄
지상의 비밀들 차곡차곡 쌓인 시간의 화석

대청도 미아, 농여 해변에는 열반에 든 물고기가 있다
바다는 바다 생물들의 자궁인 동시에 무덤
물고기는 제가 놀던 물속 모래밭에서 전설의 고승처럼 선채로 적멸에 들었다
이제 물고기는 한때 제 먹이였던 것들의 먹이가 될 것이다
그렇게 한 생을 벗어나 다른 생으로 윤회할 것이다

대청 미아, 농여 해변_한지에 수묵담채_74×265cm_2012

대청도 미아, 농여 해변에는 시간을 거스르는 물살이 있다
수 억 년 풍파를 견뎌낸 바위들
풍파를 못 이기고 부셔져 모래알이 된 바위들
대청도 해변에는 바위도 먼지가 되고 물고기도 먼지가 되고
사람도 먼지가 되는 시간의 지층이 있다

대청도 미아, 농여 해변
시간의 화석에는
먼지에서 와서 먼지로 돌아가는 저 바위와 모래와 물고기와 사람들
모두 한 뿌리에서 와서 한 뿌리로 돌아가는 우주가 있다
물고기와 바위와 모래와 사람과 해파리가 모두 한 형제라는 깨달음의 지층
이 있다

대청도 사막에 가면

대청도 옥죽포 사막에 가면
사막은 사막이 아니란 것을 알게 된다
사막보다 더 사막 같은 삶을 벗어나 대청도에 가면
숨구멍 하나 없는 아스팔트 세상이야말로 진짜 사막이고
사막은 더 이상 사막이 아니란 사실을 알게 된다
낙타보다 튼튼한 두 다리로 선진포구 넘어 옥죽포 사막에 가면
사막이야말로 비로소 막혔던 숨통 터주는 오아시스란 것을 알게 된다

대청도 모래사막에 가면 방아 찧는 소리 들린다
옥죽포 마을 어머니들 삶의 사막에 나와 방아 찧는 소리 들린다
"아침 방아 찧어라
 저녁 방아 찧어라
 콩당콩당 찧어라
 콩콩 찧어라
 잘도잘도 찍는다"

대청도 옥죽포 사막에 가면 사막을 갈아 가족들 먹이고 키운
우리 어머니들 방아 찧는 소리 들린다.
"방아방아 찧어라
 아침 멕이 찧어라
 저녁 멕이 찧어라
 콩당콩당 찧어라
 알콩달콩 노놔서
 너도 먹고 나도 먹어보자"

대청도 옥죽포 사막에 가면 불안에 떠는 자식들 달래는
어머니 위로의 말씀 들린다.
"북한 가까워 무섭다 하지
 그게 아냐 아무렇지도 않아"
옥죽포 사막에 가면 들린다
대청도 옥죽포 사막에 가면

대청 모래언덕_한지에 수묵담채_39×96cm_2012

함께이기 때문에 외로운 것이다

안개의 계절이 돌아 왔다. 대청도 사탄동 마을이 안개 속으로 사라져 버렸다. 마을은 사라진 것이 아니라 잠시 안개의 군단에게 자리를 내준 것일 테지. 하지만 나는 마을이, 해변이, 푸른 소나무들이, 바다와 산과 하늘이 안개 속으로 아주 사라져 버렸으면 좋겠다. 안개 속으로 사라진 마을과 사람과 염소와 소나무와 백사장. 모든 것이 사라져 버린 다음에야 문득 깨닫는다. 내가 고독에서 벗어나기 위해 혼자 남겨지길 원했구나.

백사청송
한지에 수묵담채
24×58cm
2012

사람은, 존재는 혼자이기 때문에 외로운 것이 아니다. 함께이기 때문에 외로운 것이다. 존재들 속에서 문득 혼자인 자신을 발견하기 때문에 외로운 것이다. 함께 있어도 함께가 아닌 것들. 사람들, 염소들, 푸른 소나무와 흰 모래 알갱이들, 마을길과 바다와 산들. 은수자가 사막의 모래폭풍을 견디며, 외로움에 미쳐버리지 않고 몇 십 년을 살 수 있는 까닭을 이제야 알겠다. 혼자서는 결코 외로울 수도 없는 것이다

달의 후예

대청도 검은낭 해변
길은 절벽을 따라 하늘까지 이어지고
하늘로 돌아갈 날이 가까워진 노인은
마지막 지상의 양식을 얻으러 나왔다
노인은 다닥다닥 바위에 붙은 굴을 깬다

대청도 검은낭 하늘길_한지에 수묵담채_36×95cm_2012

굴은 달이 차고 기우는데 따라 여물기도 하고 야위기도 한다
섬사람들도 굴처럼 살이 올랐다 야위었다 한다
섬사람들은 달의 자손이다
달이 바닷물을 밀었다 당겼다 하며 바다 것들을 키우면
사람들은 바다에 나가 물고기를 잡고 소라고둥과 굴들을 얻어다 살아간다

설산 전설

이 나라 어딘가에 설산이 있다 했다
풍문은 전설처럼 떠돌았다
한 여름에도 녹지 않는 하얀 설산이 있다 했다
황해바다 한가운데 있다 했다

설산이었다
밤바다 건너 도착한 머나먼 섬은 설산이었다.
히말라야 같은, 성산 카일라스 같은
분칠을 한 것 같은, 흰 눈이 덮인 것 같은
달빛이 띠를 두른 것 같은
하얀 바위산

밤바다 건너 도착한 머나먼 섬
소청도 분바위는 설산이었다
경배 받아 마땅한 성산
등대도 없던 옛날
뱃사람들은 칠흑의 밤바다에서
분 바위 흰 빛을 보고 뱃길을 찾았다

삶이 있고 죽음이 있었다
10억 년 전 생명의 죽음이 화석으로 남았다
화석에 달빛이 스며들었다
달빛이 바위에 생명을 불어넣었다
죽은 생명들이 되살아나 흰빛을 내기 시작했다
월(月)띠, 생명의 화석이 생명의 길을 비추는 등대가 되었다

이 나라 어딘가에 설산이 있다 했다
전설의 산이 있다 했다
황해바다 한 가운데 있다 했다
삼복염천에도 녹지 않는 만년설 설산이 있다 했다

소청도 분바위산_한지에 수묵담채_74×244㎝_2012

등대 가는 길

해 다진 저녁 나는 소청도 등대를 찾아간다. 노화동 마을 끝자락 절벽에는 100년 동안 불을 밝혀온 등대가 있다. 등대로 가는 길은 절벽에서 끝나지만 등대의 길은 절벽에서 비로소 시작 된다. 길이 끝나는 곳에서 빛이 시작된다. 등대 불빛은 19마일 바닷길에서 멈추지만 빛의 파장은 끝이 없다. 등대의 불빛으로 인해 소청도 밤바다 어선들의 항로는 평안하다.

매일 매일이 불안하고 혼돈스럽다. 소청도 등대처럼 내 삶의 안전을 밝혀 줄 등대는 어디에 있는가. 세상은 칠흑 같은 밤인데 어디에도 불빛 한 점 없다. 어쩌면 삶에는 항로를 알려줄 등대 따위는 없을지도 모른다. 삶은 정해진 방향을 따라 가는 일이 아니라 늘 새로운 방향을 만들어가는 일이기 때문이다. 그저 주어진 삶은 없다. 어디에서도 삶은 삶의 의미를 찾아가는 삶일 뿐. 해안 절벽에 가까워 질수록 파도소리 거세지고 섬은 바람 속에서 깊어진다.

소청등대
한지에 수묵담채
59×30cm
2012

소청도의 환(幻)

소청도 물구지 해변에 가면
바다 속을 헤엄치는 사슴이 산다.
사슴을 잡아먹는 사자가 산다.
사자를 먹는 물고기들이 산다.

사슴이 아름답지만 사슴이 사자에게 먹히는 것은
사슴의 불행이 아니다.
슬픈 일이 아니다.
잠시 몸을 바꾸는 것이다.
사슴의 몸을 벗고 사자가 되는 것이다.
사슴의 살은 온전히 사자의 피가 되고 살이 된다.

존재가 죽음에게 먹히는 것은 죽는 것이 아니다.
어떠한 생명의 죽음도 죽음으로 끝나는 죽음은 없다.
사자의 죽음도 끝은 아니다.
사슴이 그랬듯이 마침내 병들어 죽은 사자 또한
몸 바꾸어 독수리가 되고,
까마귀가 되고, 개미가 되고, 구더기가 된다.
풀이 되고 나무가 된다.
풀이 된 사자는 다시 사슴이 되고, 염소가 된다.

바다에 빠져 죽은 사슴은, 사자는, 물고기가 되고,
오징어가 되고, 바다가재가 된다.
삼치가 되고, 홍어가 되고, 소청도 물구지 바다의 소라고둥이 되고
해삼이 된다.
아프리카 사슴이, 사자가 소청도 섬사람이 된다.
만물은 그렇게 환생 하고 윤회 한다.
바다에서 생을 버린 소청도 섬사람이 멸치가 되고, 장어가 되고,
갈치가 된다.
사람을 먹은 갈치가 밥상에 올라 또 다른 사람이 된다.

소청 물구지 해변_한지에 수묵담채 _24×35cm_2012

순간이 곧 영원이다

마지막 한 채 남았던 소청도 돌너와 집이 마침내 사라져 버렸다. '기와 천년 너와 만년'이라 는 견고한 돌너와 집을 사람들은 가차 없이 허물어버렸다. 사람들은 오래된 것만 보면 없애지 못해 안달이다. 시기심 많고 순간의 존재에 불과한 인간이 영원처럼 보이는 것들을 도저히 참을 수 없는 것은 어찌 보면 당연하다.

그러나
"억겁의 세월을 건너온 돌너와 같은 존재들 앞에서 백년도 안 되는 인간의 삶이란 얼마나 초라하고 덧없는가!" 느끼는 순간 인간은 한없이 치졸하고 유치해 진다. 그래서 우리는 삶을 덧없게 내버려 두어선 안 된다. 켜켜이 쌓인 돌너와 광맥 속 수 억년 시간들도 결국 순간들이 쌓인 게 아닌가.

삶은 무한하지 않지만 유한하지도 않다. 그래서 순간인줄 알면서도 영원처럼 살지 않으면 안 되는 것이 또한 삶이다. 삶은 무한과 유한 사이를 끊임없이 길항한다. 무한과 유한, 그 경계에서 꽃처럼 피었다 지기를 거듭한다. 애석하게도 꽃 시절은 순간이다.

하지만
꽃은, 삶은 순간이 곧 영원이다.
영원은 순간을 통해서만 그 실체를 드러낸다.
그러므로 우리는 순간을 살지만 순간이 아니다. 영원을 사는 것이다.
티끌 같은 시간, 티끌 같은 삶이 덧없으나 더없이 소중한 것은 그 때문이다.

소청 돌너와 전설_한지에 먹_31×58cm_2013

안당수와 장산곶_종이에 펜, 연필 _14×42cm_2012

제4부

장촌 냉면집 아저씨는 어디 갔을까?

글 신동호 / 그림 박충의

장촌 냉면집 아저씨는 어디 갔을까?

미닫이가 닫힌 냉면집 앞을 한동안 서성였네
기울어진 간판이 요즘의 나 같이 좀 모자라 보이는 것이
NLL이나 중국어선 같은 건 그냥 육수로 끓여버릴 것 같았네
냉면 맛 또한 설핏하게 날 위로해줄 듯 했는데
허리 굽은 아저씨는 잠시 황해도 고향에 갔는가 보았네
바람만이 미닫이를 슬쩍 밀었다 제자리에 갖다놓고 있었네

육수를 내던 자국만 담벼락에 붙어 고향 냄새를 풍겼네
병사들의 차는 잠시 속도를 줄이면서 굴뚝을 보았네
주인의 부재는 천안함처럼 의문만 남기고
눈치 빠른 병사들이 남긴 바퀴자국 위로 개 한 마리 지나갔네
노를 저어 잃어버린 맛을 찾아 갔는가 보았네
장촌 냉면집 지붕이 자꾸 낮은 포복을 하고 기어갔네

메밀꽃처럼 눈이 내리는데 아저씨는 어디 갔을까
바다가 물러난 사리 갯벌 어디에서 개불을 잡고 있을까
까나리액젓은 현무암 빛깔로 곰삭은 맛을 내고
인생도 물냉면 사리 마냥 물컹해져버렸는데
혹시! 아무도 가지 않는 방공호를 돌아보고 있단 말인가?
텅 빈 길 위에서 나 혼자 분단의 두려움에 떨고 있었네.

하늬바다 용치_캔버스에 아크릴_45.5×53cm_2011

겨울 백령도

백령도 하늘에서는 여자가 매일 마당을 쓴다
갈대는 없고 그저 싸리빗자루를 가지고
먼지가 폭폭 날리면 여자가 갈보처럼 웃는다
눈은 포신위에도 해병대 팔각모 위에도
인당수에 잠겨 여태 오지 않는 심청이처럼
애타게 내린다, 온통 情炎으로 하얘질때까지

백령도 하늘에서는 여자가 종일 머리를 빗는다
참빗을 못이긴 비듬이 어깨에 떨어져 쌓이고
하얀 손이 내려와 볼을 쓰다듬고 지나간다
손이 작고 대신 눈이 크고 진한 여자는
남동풍을 핑계로 북녘을 바라보며 늙어갔다
시야가 흐려지도록 눈이 내린다, 寂寞한 눈이

어리골_한지에 드로잉 _82×244cm_2012

백령도

백령도는 심해의 냄새를 머금은 흰수염고래다
백령도는 풍향계를 잃고 방향감각을 상실한 섬이다
백령도는 망각을 섬멸한 섬이다
백령도는 바람이 작열하고 태양이 주민들을 선동하는 섬이다
백령도는 이데올로기가 은폐된 영혼이다
백령도는 고국에게 이별의 손짓을 하는 섬이다
백령도는 사랑이 손가락 끝에 안절부절 남아있다
백령도는 약속이 무상한 섬, 生이 무료한 섬이다.

사곶 천연비행장_캔버스에 아크릴_65×53cm_2011

소청도 우뭇가사리

세월의 골이 깊어 거기서 자란 줄 알았습니다.
어머니, 당신의 손에서는 풀도 자라고 해초도 자라고
간혹 파도까지 치던가요.
억센 우뭇가사리를 씹으며 저는 그만
어머니의 눈물과 처녀적 꿈과
어촌 마을의 서걱이는 소금냄새를 삼키는 줄 알았습니다.
자주 고개를 숙일게요.
산다는 것이 곧 국토의 일부분이 될 수 있다는 걸
어머니, 주름이 깊을수록 그 안에서 키우는 게 많다는 걸
소청도의 한낮
잠시 머물며 너무 무겁게 배웠습니다.

태풍 메아리가 지나간 후_캔버스에 아크릴_45.5×53cm_2011

서해 단상

소청도를 지납니다. 저 멀리 대청도가 보이네요. 이 평화로운 어촌마을이 불행한 일로 유명해지지 않았으면 좋겠습니다. 소청도 어머니들의 정 많은 손길이 아침부터 분주히 움직여 점심을 차려 내셨습니다. 입안에 바다내음이 가득히 남았네요. 이런 행복한 나눔이 계속되는 서해바다면 좋겠습니다.

대청도의 해가 오래 바다를 비추고 있네요. 바다는 경계가 없어서 바람과도 잘 어울립니다. 수평선 너머를 오래도록 바라보니 고요한 바다와 요동치는 파도는 본시 둘이 아니었습니다.

백령도 두무진 왼쪽으로 북녘땅 옹진반도 장산곶이 보입니다. 북에서는 상끝머리라 부른다지요. 얼마나 오랜 세월 서로가 바라보며 살았을까요. 장산곶 앞 인당수에 달이 뜨면 심청의 고운 꿈도 이뤄질까요. 예전처럼 서해를 통해 새 문물들이 들어오면 평화를 가지고 물물교환을 하면 어떨까요. 섬 셋이 나란히 장산곶을 향한 겨울입니다.

미연이의 등굣길_캔버스에 아크릴_65×53cm_2011
백령사굿에서 만난 예슬이_캔버스에 아크릴_53×41cm_2011
효근이_캔버스에 아크릴_65×53cm_2011
콩돌해안 화동 아주머니_캔버스에 아크릴_60.5×50cm_2011
사곶에서 관난 고향 아주머니_캔버스에 아크릴_53×41cm_2011
심청각 앞, 윤하석 아저씨_캔버스에 아크릴_60.5×50cm_2011

윤후명 시인

윤후명은 1946년 강원도 강릉에서 태어나 연세대학교 철학과를 졸업했다. 1967년 경향신문 신춘문예에 시가, 1979년 한국일보 신춘문예에 소설이 당선되었으며 시집『명궁』,『홀로 등불을 상처 위에 켜다』,『쇠물닭의 책』,『먼지 같은 사랑』(육필시집), 소설집『둔황의 사랑』,『모든 별들은 음악소리를 낸다』,『여우 사냥』,『가장 멀리 있는 나』,『새의 말을 듣다』,『꽃의 말을 듣다』, 장편소설『별까지 우리가』,『약속 없는 세대』,『무지개를 오르는 발걸음』,『협궤열차』, 산문집『꽃』,『꽃을 다오 시간이 흘린 눈물을 다오』, 장편동화『너도밤나무 나도밤나무』등을 냈다. '한국일보문학상' '현대문학상' '이상문학상' '현대불교문학상' '동리문학상' 등을 수상했고, 현재 '문학비단길' 고문, '문화예술인협의회 임진강' 공동대표로 활동하고 있다.

김영남 시인

김영남은 중앙대학교 경제학과 및 동대학교 예술대학원 졸업하였다. 1997년《세계일보》신춘문예 시부문에〈정동진역〉으로 당선되어 등단하였다. 시집으로는『정동진역』(민음사, 1998),『모슬포 사랑』(문학동네, 2001),『푸른 밤의 여로』(문학과지성사, 2006),『가을 파로호』(문학과지성사, 2011) 등이 있다.

강제윤 시인, 섬여행가

1988년 계간《문학과 비평》겨울호로 등단하였고,《문화일보》의 '평화인물' 100인으로 선정되었다. 2006년부터 한국의 사람사는 모든 섬을 걷겠다는 서원을 세우고 6년 동안 250여 개의 섬을 걸었고, 지금도 난개발로 사라져 사는 섬의 모습을 기록하고 있다. 프레시안 인문학습원 '섬 학교'의 교장이며, 도서출판 호미 기획의원이기도 하다.『어머니전: 세상의 모든 어머니는 소설이다』,『섬을 걷다』,『그 별이 나에게 길을 물었다』,『자발적 가난의 행복』,『보길도에서 온 편지』등의 저서가 있다.
블로그 http://blog.naver.com/bogilnara 섬학교 카페 http://cafe.naver.com/islandschool

신동호 시인

강원도 화천 강마을에서 태어나 춘천에서 자랐다. 강원고등학교 3학년때인 1984년 강원일보 신춘문예로 시인이 되었다. 한양대에서 공부했고 지금은 한양대와 한국예술종합학교에서 강의하며 문학적 상상력을 남북교류협력의 현장에 접목하느라 애쓰고 있다. 시집으로『겨울 경춘선』과『저물무렵』이 있고 산문집『유쾌한 교양읽기』,『꽃분이의 손에서 온기를 느끼다』,『분단아, 고맙다』등을 냈다.

신태수 화가

신태수는 안동대학교 미술학과와 교토대학교 대학원 동양화과를 졸업했다.《가슴은 눈을 그리워하고》(2011, 사카이마치화랑, 도쿄),《진경산묵》(2010, 북촌미술관) 등에서 개인전을 갖었고,《평화의 바다, 물위의 경계》(2012, 인천아트플랫폼),《고려청자와 한국의 수묵화》(2011, 교토국제교류센터),《물 그리고 바람》(제주 이중섭미술관) 등 다수의 전시에 참여해 작품 활동에 임해왔다. 박수근미술관 레지던시 프로그램(2010)에 참여한 바 있으며, 인천아트플랫폼 3기 입주작가(2012)로 활동하면서 백령도와 대청, 소청의 자연풍광을 작업으로 이끌었다.

이인 화가

作爲에 흐르지 않고 검소하지만 강건한 조형으로 인간의 니면풍경을 형상화한다. 이인은 14회의 개인전(금호미술관, 문예진흥원 미술회관, 가람화랑, 샘터화랑 등)과 1986년부터 2010 경기도의 힘(경기도미술관), 2011년 시화일률(가나아트센터), 2012 한국현대미술-거대서사1(국립현대미술관), 2012 평화의 바다_물위의 경계(인천아트플랫폼) 등 국내외의 전시를 통해 작품을 발표하고 있다.『색색풍경』(랜덤하우스중앙, 2005) 산문집과 2권의 화집을 출간하였다. 대한민국미술대전, 2010 아시아프전, 불교미술대전, 인천미술대전 심사에 참여하였고, 국립현대미술관, 경기도미술관, OCI미술관, 금호미술관, 파라다이스문화재단, 외교통상부, 국토개발연구원, 미술은행, 국가경영정보원, 태평양법무법인, 거제문화회관, 통영시, 포항공대학술문화관, 제주현대미술관 등 다수의 작품이 공공기관에 소장되어있다. 이메일 bluein-7@hanmail.net 블로그 http://blog.naver.com/bluein_7

김선두 화가

1958년에 태어나 중앙대학교 한국화과와 동 대학원을 졸업하였다. 제7회 중앙미술대전 대상과 제12회 석남미술상을 수상했으며, 1992년 금호미술관 첫 개인전 이후 14회의 개인전을 열었다. 임권택 감독의 영화 〈취화선〉에서 배우 최민식의 대역을 맡아 그림을 그렸으며 현재 중앙대학교 한국화과 교수로 재직하고 있다. 그의 그림은 느린 선의 미학을 바탕으로 생명과 삶의 대지, 그 대지의 꿈과 노래, 그리고 사랑을 주제로 하고 있다. 전통 장지 기법의 끝없는 실험을 통해 한국화의 새 지평을 넓혀 가고 있다.

박충의 화가

박충의는 1962년 옹진군 백령도 북포리에서 출생하였다. 인하대학교 미술교육과와 홍익대학교 미술대학원 회화과를 졸업하였다. 백령도가 고향인 작가는 8살에 고향을 떠난 뒤 제1회 인천평화미술프로젝트를 위하여 42년 만에 처음으로 고향과 재회하였다. 2012년 여름에는 3개월 동안 인천아트플랫폼 백령도 평화 레지던시에 머물며 현지 작업을 진행하였으며 한층 깊어진 백령도에 대한 탐구와 자세로 고향 '백령도' 사람들과 자연을 만났고 백령도의 일상을 작품에 담았다.

백령도
ⓒ 인천아트플랫폼 2013

초판 1쇄 인쇄 2013년 1월 28일
초판 1쇄 발행 2013년 1월 30일

지은이 / 글_윤후명, 김영남, 강제윤, 신동호
　　　　그림_이　인, 김선두, 신태수, 박충의
펴낸이 / 윤미경
펴낸곳 / 도서출판 다인아트
　　　　출판등록 1996년 3월 8일 제87호
　　　　인천광역시 남동구 구월3동 1096-19 3F
　　　　tel. 032+431+0268 / fax. 032+431+0269
　　　　www.dainarts.com
기　획 / 인천아트플랫폼
　　　　인천시 중구 제물량로 218번길 3
　　　　tel. 032+760+1000

인쇄 / 새한문화사
제본 / 과성제책

값 / 12,000원
ISBN 978-89-6750-007-8

※ 2012년 백령도 답사를 통해 진행한 강제윤 시인의 "심청은 정말 효녀일까!"는 2013년 제3회 평화미술프로젝트전에 소개될 예정입니다.
※ 이 책의 일부 또는 전부를 재사용하려면 반드시 저작권자와 출판사 양측에 동의를 받아야 합니다.
※ 잘못된 책은 바꾸어 드립니다.